BEI GRIN MACHT SICH IHR
WISSEN BEZAHLT

- Wir veröffentlichen Ihre Hausarbeit,
  Bachelor- und Masterarbeit

- Ihr eigenes eBook und Buch -
  weltweit in allen wichtigen Shops

- Verdienen Sie an jedem Verkauf

Jetzt bei www.GRIN.com hochladen
und kostenlos publizieren

Sebastian Schellschmidt

Alltag der Stadtbewohner im Spätmittelalter

GRIN Verlag

Bibliografische Information der Deutschen Nationalbibliothek:

Die Deutsche Bibliothek verzeichnet diese Publikation in der Deutschen National-
bibliografie; detaillierte bibliografische Daten sind im Internet über http://dnb.d-
nb.de/ abrufbar.

Impressum:

Copyright © 2010 GRIN Verlag GmbH
Druck und Bindung: Books on Demand GmbH, Norderstedt Germany
ISBN: 978-3-656-27935-8

Dieses Buch bei GRIN:

http://www.grin.com/de/e-book/201816/alltag-der-stadtbewohner-im-spaetmittel-
alter

GRIN - Your knowledge has value

Der GRIN Verlag publiziert seit 1998 wissenschaftliche Arbeiten von Studenten, Hochschullehrern und anderen Akademikern als eBook und gedrucktes Buch. Die Verlagswebsite www.grin.com ist die ideale Plattform zur Veröffentlichung von Hausarbeiten, Abschlussarbeiten, wissenschaftlichen Aufsätzen, Dissertationen und Fachbüchern.

Besuchen Sie uns im Internet:

http://www.grin.com/

http://www.facebook.com/grincom

http://www.twitter.com/grin_com

UNIVERSITÄT ZU KÖLN

Historisches Institut I
Proseminar: Städte im Spätmittelalter

Wintersemester 2009/10

Alltag der Stadtbewohner

Sebastian Schellschmidt

Bachelor Geschichte
Modul: BM 2.2

Inhaltsverzeichnis:

1) Begriffsklärung – „Alltag" in der Mittelalterlichen Forschung

Allgemein bezeichnet der Begriff *Alltag* „die Lebenswelt, in der sich Menschen täglich in Aktionen und Interaktionen mit der Wirklichkeit auseinandersetzen, um in ihr zu leben und sie ihren Bedürfnissen anzupassen"[1].

Das wissenschaftliche Interesse am historischen Alltag ist ein solches an vergangenen „Wertorientierungen und Verhaltensweisen, an Erfahrungen der Arbeitswelt, an täglichen Auseinandersetzungen mit einer vorgegebenen Lebenswelt, Geselligkeit und Bewältigung der konkreten Wirklichkeit sowie kulturellen Tätigkeiten"[2].

In diesem Zusammenhang ist ein kurzer Blick auf den Freiheitsbegriff grundlegend. Dieser unterscheidet sich im Mittelalter als solcher stark von unserer heutigen Freiheitsvorstellung. Zum einen war eine Religions- oder etwa eine Meinungsfreiheit nicht denkbar. Die Bibel und die Gebote der geistlichen Obrigkeit galten als unantastbar und bestimmten das Handeln und Denken eines jeden Bürgers. Darüberhinaus war eine große Abhängigkeit der Bürger vom Stadtherrn nicht von der Hand zu weisen. Dieser hatte die Kontrolle über alle wichtigen Ämter einer Stadt und die Bürger waren ihm gegenüber zu Abgaben und Dienstleistungen verpflichtet.

Allerdings bestanden wichtige Unterschiede zwischen dem Bürger und dem so genannten „servi", dem Hörigen, der in sklavenähnlichen Verhältnissen seinem Herren unterstand und nicht über Eigentum verfügen durfte. In den mittelalterlichen Städten unterschied man zwei Formen von Freihen. Der „ingenuus" war von von Geburt frei, wogegen der „liberi" erst durch Flucht vor dem Herren in die Stadt („1 Jahr und 1 Tag") oder Entlassung in den Status der Freihen aufgestig. Der Status war generell vererbbar und ein Abstieg, beispielsweise durch Selbstverknechtung zur Schuldentilgung, war ebenso möglich. Zu den besonderen Kennzeichen eines Freihen Bürgers gehörten Waffenbesitz, die Möglichkeit zum politischen Handeln und Eigentum.

---

1 Kühnel, Harry: Zum Geleit: Alltag und Fortschritt im Mittelalter. - In: Alltag und Fortschritt im Mittelalter - Internationales Round Table Gespräch. Wien: Verlag der Österreichischen Akademie der Wissenschaften 1986, S. 5.
2 Kühnel, Harry: Zum Geleit: Alltag und Fortschritt im Mittelalter. - In: Alltag und Fortschritt im Mittelalter - Internationales Round Table Gespräch. Wien: Verlag der Österreichischen Akademie der Wissenschaften 1986, S. 6.

2) <u>Die Stadt und ihre Ordnung</u>

2.1) Das Stadtrecht

Die Rechte und Pflichten der Stadtbewohner im Mittelalter wurden bestimmt durch die jeweiligen Stadtrechte. Diese beinhalteten im wesentlichen Regelungen zur Gerichtsbarkeit, zu wirtschaftsrechtlichen- und strafrechtlichen Fragen, zum Stadtregiment, zur Verteidigung und zu den Abgaben der Bürger. Das primäre Ziel dieser Stadtrechte war die Sicherung des Friedens innerhalb der Stadt. Weiterhin sollten sie Ruhe und Ordnung gewährleisten, Gefahren abwenden, Normen für Lebensstile setzen, ein gottgefälliges Handeln fördern, sowie Luxus und hohen Aufwand eindämmen. Um die Einhaltung dieser Stadtrechte zu gewährleisten, wurden die Verordnungen ständig proklamiert und alle Bürger waren zur Anzeige verpflichtet, sofern sie von Ordnungswidrigkeiten erfuhren.

Die Artikel der Stadtrechte sahen häufig wie folgt aus[3]:

„Jeder einzelne Bürger muss alljährlich fünfmal eine bestimmte Anzahl   von Tagen für den (Stadt-) Herrn arbeiten; ausgenommen sind alle Münzer, die zum Gesinde des Bischofs gehören, [...]."

„Alle Beamten dieser Stadt unterstehen der Gewalt des Bischofs [...]"

„Die Höheren sollen die Niederen einsetzen, soweit sie ihnen unterstellt sind."

„Vier Beamte, in deren Hände die Leitung der Stadt liegt, setzt der Bischof mit eigener Hand ein [...]."

„Niemand darf bösartig sprechen über Fürsten, Herren [...]."

„Wer in Gegenwart unseres Stadtherrn oder des Richters einen Tumult veranstaltet, zahlt 6 Pfennige [...]."

---

3 Monnet, Pierre (Hrsg.): Stadt und Recht im Mittelalter. Göttingen: Vandenhoeck und Ruprecht 2003.

2.2) Die Bürger und ihre Rechte

Um das Bürgerrecht zu erlangen musste man eine Begründung vor den Schöffen, also dem Gericht, der Stadt ablegen, dem Stadtherrn Hörigkeit und Treue schwören und versichern, dass man mindestens zehn Jahre in der Stadt verbleiben wird. Desweiteren galt es, ein bestimmtes Vermögen vorzuweisen, welches nicht zu hoch und nicht zu niedrig sein durfte, da sich eine Stadt sowohl vor Armut und Elend, als auch vor Luxus, Prahlerei und zu mächtigen Kaufleuten schützen wollte.

2.3) Weitere Regelungen des täglichen Lebens

Der im Folgenden aufgeführte Aspekt des Steuerrechts ist exemplarisch und so gewählt, dass er die wichtigsten Bereiche im Leben des mittelalterlichen Bürgers abdeckt, um einen ertragreichen Einblick in seine Lebenswelt und einen Vergleich zu uns bekannten Regelungen der Moderne zu ermöglichen.

Im Gegensatz zur heutigen Zeit, in der wir einer staatlichen Steuergewalt unterstehen, waren die Bürger des Mittelalters dazu verpflichtet, ihr Vermögen selbst einzuschätzen und entsprechende Angaben zu machen. „Die zuständigen Steuerbehörden, die von den König- und Fürstentümern organisiert wurden, legten daraufhin den zu versteuernden Anteil individuell für jeden Bürger fest."[4]

Geld spielte auch vor Gericht eine große Rolle. Theoretisch war es jedem Bürger möglich, sein Recht vor einem Richter zu erstreiten. Allerdings hatte der hohe Zeit- und Kostenaufwand eine abschreckende Wirkung, sodass die meisten bürgerlichen Streitereien außerhalb der Gerichte geregelt wurden.

2.4) Kleidung, Spiel und Wohnen

Die Kleidung galt in der mittelalterlichen Stadt als Statussymbol. An ihr konnte und sollte man erkennen, welchem Stand der Bürger angehörte. Auf unangemessene Kleidung standen

---

4 Monnet, Pierre (Hrsg.): Stadt und Recht im Mittelalter. Göttingen: Vandenhoeck und Ruprecht 2003.

verschiedene Geldstrafen. Der Schnitt, das Material, die Farbe und auch der Preis wurden von entsprechenden Vermerken in den Stadtrechten geregelt. Luxuriöse, unzüchtige oder extravagante Kleidung, wie ein besonders ausladendes Dekoltée, auffällige Schnabelschuhe oder Kurzmode bei Männern, waren verpönt.

Im Mittelalter war die Freizeit durch den hohen Zeitaufwand bei Arbeit und Haushalt begrenzt. Doch auch in den Gassen der ersten Städte nutzten Bürger freie Minuten zu ihrem eigenen Vergnügen. Das Glücksspiel war somit schnell ein weit verbreitetes Problem in den Städten. Die Stadträte gingen in der Regel konsequent dagegen vor, da sie die Einhaltung der Sitten, aber vor allen Dingen die Einnahmen der Stadtkassen gefährdet sahen. Als Züchtigungsinstrument dienten in vielen Fällen Predigten gegen das Spielen und das öffentliche Verbrennen des Spielzubehörs.[5]

Wenn die Bürger nicht ihrer Arbeit nachgingen oder dem Glücksspiel fröhnten, hielten sie sich für gewöhnlich bei ihren Familien in ihren Wohnhäusern auf. Das Stadtbild war geprägt von Fachwerkhäusern, die auch heute noch in vielen historischen Altstädten zu bewundern sind. Diese bestanden hauptsächlich aus Holz, Lehm und Kuhdung. Die Dächer wurden mit Stroh, Schilf oder Holzplatten gedeckt. „Erst im Spätmittelalter entdeckte man dann die Vorzüge von Stein und Ziegel."[6] Aufgrund der Holzknappheit und der enorm hohen Feuergefahr, in den dicht bebauten Städten, bot die Steinbauweise allerdings eine wesentlich höhere und vor allem sicherere Lebensqualität. Darüberhinaus stieg das Ansehen einer Stadt, wenn ihre Häuser mit den ansehlicheren Ziegeln gedeckt wurden. Aus diesen Gründen gab es in manchen Städten Subventionen für Bauherren, die ihre Häuser mit Steinen und Ziegeln bebauen würden.

Die Fenster der Häuser wurden üblicherweise mit Leinengewebe oder Holzläden verdeckt, da Glas als äußerst teure Importware galt. Daher sah man es zunächst nur an Verwaltungsgebäuden, sowie an Häusern reicher Kaufleute. Das Geschirr in den Küchen der Stadtbewohner wurde zunächst aus Holz und später dann aus Keramik oder Metall hergestellt. Kachelöfen zur Beheizung der Räumlichkeiten wurden im Spätmittelalter entdeckt. Um ihre Räume bei Dunkelheit zu beleuchten, verwendete man an den Wänden befestigte Kerzen oder hängende Wachsleuchten. Zur Grundmöblierung eines bürgerlichen Wohnhauses gehörten neben dem Bett und der Truhe natürlich auch ein Tisch und eine Bank.

---

5 Kaldewei, Gerhard: Die Stadt im Mittelalter. Bielefeld: Verl. für Regionalgeschichte 1994.
6 Ebd.

Ein Badezimmer gab es in den Häusern einer mittelalterlichen Stadt noch nicht. An ihre Stelle traten die städtischen Badehäuser, die von den Bürgern alle 14 Tage besucht wurden. Die Dienstleistungen eines Badehauses beinhalteten unter anderem das Sitzbad, das Dampfschwitzbad, Massagen, die Rasur, Haareschneiden, Scheren und Wundbehandlung.

2.5) Die Entsorgung des Abfalls

In den Städten des Mittelalters lebten die Menschen innerhalb der Stadtmauern auf engstem Raum zusammen und die Abfälle bzw. deren Entsorgung stellten ein großes Problem dar. „Die Probleme des einzelnen wurden Probleme der Allgemeinheit. Deshalb nahmen die Stadträte zunächst den Bürger in die Pflicht, Straßen und Wege vom eigenen Haus sauberzuhalten."[7] In Ermangelung einer organisierten Abfallentsorgung war es üblich, den Unrat sowie den Inhalt der Nachttöpfe auf den Straßen und Gräben zwischen den eng aneinander gebauten Häusern zu entleeren. Die Gassen und Straßen waren latent verschmutzt und mit einer stinkenden Schlammschicht überzogen. Häufig war diese nur noch durch Bretterstege oder Steine zu überqueren und gefährdete die Gesundheit der Bürger. Auch das Hausschwein, welches sich im Frühmittelalter zum wichtigsten Wirtschaftshaustier entwickelte, trug seinen Teil zu dieser starken Verschmutzung der Städte bei. Die Tiere lebten in den städtischen Gehöften und liefen tagsüber frei zwischen den Häusern umher.

Durch die zunehmende Problematik entwickelten die Städte nach und nach Einzelverordnungen zum Umgang mit Unrat und Müll. Beispielsweise durfte in vielen Städten in Nähe des Rathauses kein Unrat mehr auf die Straße geschüttet werden, da Bischöfe und andere Amtsträger diese Gassen benutzten. In der Folge waren die Innenstädte sauberer als die Randgebiete, was das bestehende Reich-Arm-Gefälle vom Innenstadtring ausgehend verdeutlichte und nährte. Zudem wurde die Schweinehaltung stark reglementiert. So durften lediglich Bäcker Schweine besitzen, da diese für die Wirtschaftlichkeit der Bäckereien unverzichtbar waren und den Müll der Bäcker fraßen.

Die Anfang des 15. Jahrhunderts gängige Verordnung zur Abfallentsorgung sah es vor, dass die Bürger ihren Mist und Unrat im Sommer innerhalb von acht Tagen von der Straße zu schaffen hatten. Im Winter lag die Frist zum Beseitigen der Misthaufen bei zwei Wochen.

---

7 Schubert, Ernst: Alltag im Mittelalter. Darmstadt: Wissenschaftliche Buchgesellschaft 2002.

Erst später, in der zweiten Hälfte des 15. Jahrhunderts, setzte sich die Pflicht zur sofortigen Abfuhr des Abfalls durch. Allerdings folgten die Bürger diesen Verordnungen aus Zeit- und Materialmangel nur selten. Meistens wurden die Gassen gereinigt, sobald sich hoher Besuch von Bischöfen oder Fürsten angekündigt hatte.

Wichtigstes Element der Abfallentsorgung waren in vielen Städten die umliegenden Flüsse in die man die Abwässer ableitete oder denen man den Unrat direkt zuführte. Trotzdessen blieben die Flüsse der Ort, an dem man sich überwiegend wusch und seiner Körperpflege nachging. Trinkwasser lieferten den Stadtbewohnern in der Regel Brunnen oder Quellen, die häufig Ausgangspunkt der Siedlungen waren.

3) Sozialverhalten in den mittelalterlichen Städten

3.1) Umgangsformen und ihre Grundlagen

Der *Gruß* galt im Mittelalter als Zeichen von Anerkennung. „Der Gruß ist nicht nur Höflichkeit, sondern auch Anerkennung des Ansehens des Gegrüßten."[8] Eine Verweigerung kam einer Drohung gleich. Das Mittelalter kann man in diesem Kontext auch als Zeit der *Sprichwörter* oder der so genannten „Wahrwörter" bezeichnen. Die beliebten Redewendungen waren Produkte zwischenmenschlicher Erfahrungen. Ein reichhaltiger Beleg hierfür ist die Entstehung der bis heute bekannten Bauernweisheiten.

Im Umgang der Menschen in der Stadt des Mittelalters lässt sich in diesem Zusammenhang ein interessantes Paradox zwischen *Mitleid* und *Schadenfreude* feststellen. Das Mitleid wurde im Zeitalter der religiösen Gesinnungsprägung wörtlich verstanden und konsequent als gemeinsames Leiden praktiziert. „Mitleid und Spott waren gemeinsam Ausdruck eines vitalen Interesses am Mitmenschen."[9] Eine große Hilfsbereitschaft und Erbarmen galt als oberste Christenpflicht. Gleichzeitig empfand man jedoch große Schadenfreude beim Anblick des Leides der Mitmenschen. Als makaberes Beispiel hierfür sei das „Blindenspiel" angeführt, welches in vielen Städten belegt ist. Dabei wurde eine Gruppe Blinder mit Rüstungen und Waffen ausgestattet und gezwungen aufeinander loszugehen. Der Überlebende erhielt eine Belohnung – meist in Form von Nahrungsmitteln, wie Brot oder Fleisch. Bei diesem Schau

---

8 Schubert, Ernst: Alltag im Mittelalter. Darmstadt: Wissenschaftliche Buchgesellschaft 2002.
9 Ebd.

spiel war in der Regel die gesamte Stadtbevölkerung zugegen. Der Mensch und sein Leid galt als Quelle des Vergnügens.

Gründe hierfür waren zum Einen die Unterhaltungsarmut des Mittelalters und zum anderen die psychologische Kompensation: Der Alltag des Mittelalters barg viele Gefahren, hohe Strafen für kleine Vergehen, Verbannungen, Hinrichtungen, Krankheiten und eine geringe Lebenserwartung. Aus diesem latenten „schwarzen Schatten" über den Stadtbewohnern entspringt beim Anblick von leidenden Mitmenschen das Gefühl der Erleichterung.

Das Mittelalter an sich kannte keinerlei Privatsphäre. Selbst der Schaden angesehener Leute blieb nicht verborgen: Ein bekannter Münsteraner Jurist, dem nach einem besonders schweren Verlauf der Syphilis Krankheit das Glied amputiert werden musste, war am darauf folgenden Tag nicht bloß Stadtgespräch, sondern sein Schicksal blieb der Nachwelt in den Stadtchroniken erhalten.

Menschenkenntnis und Misstrauen waren im städtischen Lebenskampf unerlässlich, da List und Betrug bei nahezu allen Geschäften und Handlungen präsent waren. Daher auch das Sprichwort „Es ist nicht alles Gold was glänzt"[10]. Man lernte seine Mitmenschen zu prüfen, entwickelte aber keineswegs menschenfeindliches Misstrauen „Zu eynem lebendigen Mann muß man sich guts und boses versehen"[11].

Die Kommunikation im Mittelalter war geprägt von Gradlinigkeit und Offenheit. Die Menschen weder Ironie noch Sarkasmus. Die daraus hervorgehenden direkten Äußerungen und den offenen Umgang untereinander spiegelt die mittelalterliche *Namensgebung* wieder, welche hier als wertvolle Quelle angesehen werden muss. Sie basierte auf Spott und Kritik der Eigenschaften der benannten Person. So war eine Benennung nach Gestalt, den besonderen Eigenschaften, dem Verhalten oder der Leistung und Vorlieben die Regel. Als representative Beispiele lassen sich „Derbbrot" als Name für einen schlechten Bäcker oder Ziegenhaupt, Hasenkopf und Saurüssel in Anlehnung an das äußere Erscheinungsbild des jeweiligen Namensträgers nennen. „in einer solchen Namensgebung drücken sich Formen des Miteinanders von Menschen aus, Spottlust ebenso wie Direktheit, Fähigkeit zum offenen formulierten oder – wie wohl beim apostolischen >>Schweinsmaul<< - zum verstohlen geäußerten Kommentar."[12]

---

10 Schubert, Ernst: Alltag im Mittelalter. Darmstadt: Wissenschaftliche Buchgesellschaft 2002.
11 Ebd.
12 Ebd.

3.2) Beschimpfungen, Gewalt und Jähzorn

Die geradlinige verbale Kommunikation des Mittelalters differenzierte allerdings sehr wohl zwischen kritischen und deftigen Charakterisierungen, wie etwa „Schwetzer", und den variantenreichen emotional gefärbten Beschimpfungen wie „Hurensohn", „Schalk", „Schelm", „Bösewicht", „Dieb", „Täuscher" oder „Narrenesel". Die Menschen des Mittelalters waren sehr kreativ, was die Herabwürdigung ihrer Mitmenschen anging. Viele Schimpfwörter wurden dem Fäkalbereich („kak", „kaxen", „arsbutzen", „arsloch") entnommen und waren zugleich das am häufigsten sanktionierte Delikt in der Stadt – häufiger als Diebstähle. Beschimpfungen wurden als verbale Gewalt angesehen („Wörter sind auch Schwerter"), die den Frieden der Stadt gefährdeten und von den weltlichen Gerichten energisch bekämpft. Da die Sicherung des städtischen Friedens, wie bereits erwähnt, zu den obersten Prioritäten der Stadtherren gehörte, wurden Beleidigungen nicht nur häufig, sondern auch hart bestraft. Man unterscheidet zwischen persönlichen Kränkungen („horenson"), Beleidigungen die das Handeln betreffen („Klappermaul") und Ehrkränkungen („Fälscher", „Ketzer"). Frauen beschimpften sich genauso häufig und hart wie die männliche Bevölkerung.

In dieser Zeit des rauhen Umgangstones herrschte ebenfalls eine große spontane Gewaltbereitschaft. „Jähzorn und spontane Gewaltbereitschaft sind eine überzeitliche Gefahr des menschlichen Zusammenlebens."[13] Faustschläge, Maulschellen und Schlägereien waren an der Tagesordnung. Ein Drittel aller Vergehen waren Gewaltdelikte.

Das Wirtshaus galt in diesem Zusammenahang als Ort gewalttätiger Auseinandersetzungen, weswegen man eigentümliche Gesetze entwarf: Wer einen Streit im Wirtshaus anfing, durfte von allen verprügelt werden, bis es ihm gelang das umgrenzende Hofgatter zu überwinden; Wer mit einem Krug jemanden traf zahlte sechs Pfennige Strafe und wer mit Krug warf aber verfehlte musste zwölf Pfennige Strafe zahlen. Man war der Annahme, dass man mit diesen Verordnungen bereits den Versuch unterbinden konnte. Alkoholeinfluss wirkte sich nicht strafmildernd aus - „Trunken gestohlen, nüchtern gehangen".

---

13 Schubert, Ernst: Alltag im Mittelalter. Darmstadt: Wissenschaftliche Buchgesellschaft 2002.

3.3) Freundschaft, Gesellschaft und Nachbarschaft

Verwandtschaft, die als Schicksal empfunden wurde, bedeutete nicht zwangsläufig einen lebenslangen sicheren Verband. Streitereien, vorwiegend um erbliche Angelegenheiten, waren keine Ausnahmen und konnten eine ganze „Familienbande auflösen"[14] („Mit der Teilung der Güter trennen sich die Gemüter").

Demgegenüber wurde der hohe Wert einer Freundschaft gestellt. Diese galt als ein frei wählbarer individueller Bund, der Sicherheit bot („Ein Freund ist wichtiger als ein Verwandter").

Ein soziales Netz aus Freunden und Verwandten wurde in Zeiten der List und des Betruges als äußerst wichtig empfunden. Aus diesem Grund wurde die Stadtverbannung als Strafe für Verbrechen sehr gefürchtet.

Nachbarschaft, ebenfalls ein schicksalhafter Bund, bot großes Konfliktpotential um Probleme wie etwa Nutzungsrechte von Grundstücken oder Müllentsorgung. Die Erhaltung des Friedens unter Nachbarn war für viele Städte eine der wichtigsten und zugleich schwierigsten Aufgaben.

3.4) Ehe und Sexualität

Das Eheversprechen erlangte Gültigkeit, sobald der Mann das 14. und die Frau das 12. Lebensjahr erreicht hatten. Die „Eheleute waren aufeinander angewiesen, sie bilden eine Überlebensgemeinschaft."[15] Eine Zustimmung der Eltern zur Eheschließung war unerlässlich und eine Heirat ohne elterliche Einwilligung stand in einigen Gebieten sogar unter schwerer Strafe. Die neue Lebensgemeinschaft wurde meist einen Tag nach der Hochzeit in der Kirche verkündet, die auf diese öffentliche Eheschließung drängte, um die Verwandtschaftsgrade kontrollieren zu können.

Die Muntehe war im Mittelalter die einzige gültige Eheform. Sie bedeutet, dass die Frau unter der Munt des Mannes steht, also unter der Schutzherrschaft des Mannes beziehungsweise seiner Vormundschaft. Bei der Trauung fand dann die Übergabe der Braut durch die Eltern statt, die also von der Munt der Eltern in die Munt des Mannes übergeht.[16]

---

14 Ebd.
15 Schubert, Ernst: Alltag im Mittelalter. Darmstadt: Wissenschaftliche Buchgesellschaft 2002.
16 Opitz, Claudia: Frauenalltag im Mittelalter. Biographien des 13. und 14. Jahrhunderts. Weinheim: Beltz, 1985.

Im Mittelalter stand das Zusammenleben von Mann und Frau stark unter dem Einfluss der Kirche, da es keine klare Trennung zwischen Privatem und Öffentlichen gab. Weiterhin galt die Ehe als Funktions- und Überlebensgemeinschaft. Die Ehepartner hatten bestimmte Aufgaben und waren gleichermaßen aufeinander angewiesen, ohne Zusammenwirken von Hausvater und Hausfrau hätte zum Beispiel keine bäuerliche Wirtschaft überlebt.

Die Ehe war zudem Ort, wo Sexualität – nach Auffassung der Kirche – einzig legitim und sündenrein praktiziert werden durfte. Da Kinderzeugung zu den ehelichen Pflichten zählt, konnte die Kirche sexuelle Betätigungen nicht vollständig untersagen. Dennoch blieb sie bemüht, sexuelle Ausschweifungen durch Normen, wie voreheliche Enthaltsamkeit und eheliche Treue, stark einzuschränken. Sexuelle Betätigungen, die nicht ausschließlich der Fortpflanzung dienten, waren ebenso verboten wie widernatürliche Stellungen. Zudem forderte die Kirche zu bestimmten Zeiten, wie etwa während der Schwangerschaft, Menstruation, zur Fastenzeit, an Festtagen oder auch an bestimmten Wochentagen, vollkommene Enthaltsamkeit.

Diese Verordnungen brachten den Stadtbewohner des Mittelalters, deren Weltbild stark vom religiösen Einfluss der katholischen Kirche geprägt war, in einen ernsten Zwiespalt zwischen körperlichen Bedürfnissen und Gottesfürchtigkeit. Allerdings sind Überlieferungen von zahlreichen Freudenhäusern in den Städten und Pfählungen von Ehebrechern als Beleg für allgegenwärtige Zuwiderhandlungen anzusehen.

Generell war der Ehebruch ein ernstes Problem, durch das die Stadtherren den Frieden ihrer Städte gefährdet sahen. Bedingt wurde dieses Phänomen durch den hohen Frauenüberschuss. Ehebruch wurde sehr hart bestraft. Die Spanne reichte von Geldstrafen bis hin zur Pfählung, bei dem die beiden Übeltäter aufeinaderliegend mit einem Holzpfahl druchbort wurden.[17]

Ein weitere Beleg für sexuelle Unbefangenheit im Kontrast zu den geistlichen Verordnungen, sind die zahlreichen erotischen Anspielungen in der Minnedichtung.[18]

Auch obszönes Sprechen war selbstverständlich und gehörte zur alltäglichen Unterhaltung. Nur beim Essen am Tisch sollte davon Abstand genommen werden. Es wurde oft doppeldeutig gesprochen und es gab zahlreiche Hand- und Fingerbewegungen für sexuelle Anspielungen. Das obszöne Sprechen ging allerdings meist zu Lasten der Frau aufgrund der vielen dreckigen und frauenfeindlichen Witzworte.

---

17 Opitz, Claudia: Frauenalltag im Mittelalter. Biographien des 13. und 14. Jahrhunderts. Weinheim: Beltz, 1985.
18 Vgl.: von der Vogelweide, Walther: Band 2: Liedlyrik. Stuttgart: Reclam, 1998.

3.5) Geschlechterrollen

Im Mittelalter gab es eine eheliche Hierarchie, das heißt, dass sich die Frau dem Mann unterzuordnen hatte und ihm eine dienstbereite Genossin sein sollte. Der Mann sollte das Haupt der Frau sein, „so wie Gott das Haupt aller Kreaturen ist"[19]. Die Frau musste also tun, was der Mann wollte und war ihm untergeben. Zur Begründung dieser Hierarchie wurde angeführt, dass Frauen wankelmütig und schwach seien und daher unter der Munt des Mannes stehen mussten. Die Schwäche der Frau war eine Grundauffassung im Mittelalter. Allerdings wurde diese eheliche Hierarchie von den Frauen anerkannt. Sie waren also fern aller emanzipatorischer Tendenzen.

Zudem herrschte eine Arbeitsteilung der Geschlechter nach „drinnen und draußen"[20], was nichts anderes bedeutet, als dass sich die Arbeit der Frauen meist auf das Innere des Hauses beschränkt und die der Männer außerhalb des Hauses stattfindet. Die Frauen hatten also Textilarbeiten wie nähen, sticken, Kleider zuschneiden zu erledigen und waren für das Waschen und Kochen zuständig. Die Männer hingegen arbeiteten zum Beispiel am Feld, im Weinberg oder im Steinbruch. Diese Tendenz änderte sich im Spätmittelalter. Seit dem 13. Jahrhundert sind mehrere Belege für kaufmännische und gewerbliche Betätigungen von Frauen in großen Handelsstädten und kleinen Orten belegt. Der Mann blieb allerdings Repräsentant der Ehre des Hauses nach außen.

Zu den Hauptaufgaben verheirateter Frauen gehörte die Erziehung der Kinder. Ein großes Problem dabei war die hohe Kindersterblichkeitsrate. Die ersten 18 Monate waren die gefährlichsten im Leben eines Menschen. Säuglinge wurden häufig von ihren erschöpften Müttern im Schlaf erdrückt. Dies begründet sich in der Tatsache, dass sich lediglich bessergestellte Familien eine Wiege leisten konnten und die Kinder in der Regel das Bett mit den Eltern teilten. Die hohe Mortalität im Kindesalter war auch auf eine Vielzahl von Arbeitsunfällen – bei denen sich Kinder beispielsweise am Arbeitsgerät des Vaters verletzten, in siedende Lauge fielen, von Pferden getreten wurden oder in Brunnen fielen – zurückzuführen. Die Dauer der Kindheit war auf die ersten sieben Lebensjahre beschränkt. Danach wurden sie zügig in die Welt der Erwachsenen integriert und an die Arbeit im elterlichen Handwerksbetrieb herangeführt.

---

19 Opitz, Claudia: Frauenalltag im Mittelalter. Biographien des 13. und 14. Jahrhunderts. Weinheim: Beltz, 1985.
20 Ebd.

Spielzeug, wie Beißringe oder Würfel, bestand aus ganz natürlichen Abfallprodukten wie getrockneten Gänsehälsen, Sprunggelenken vom Schaf oder Zehenknochen vom Rind. Im hohen Mittelalter entstanden in den Töpfereien aus den Überresten Murmeln und Spiel-Figürchen aus Ton. Für Mädchen gab es Puppen aus Holz mit einem Kopf aus Keramik. Außerdem spielten die Kinder Gemeinschaftsspiele wie „Plumpsack" oder „Blinde Kuh".

4) <u>Literaturverzeichnis:</u>

Alltag und Fortschritt im Mittelalter. Internationales Round-Table-Gespräch, Krems an der Donau, 1. Oktober 1984. Wien: Verl. d. Österr. Akad. d. Wiss., 1986.

Althoff, Gerd; Goetz, Hans-Werner; Schubert Ernst: Menschen im Schatten der Kathedrale. Darmstadt: Wiss. Buchges., 1998.

Engel, Evamaria; Jacob, Frank-Dietrich: Städtisches Leben im Mittelalter. Schriftquellen und Bildzeugnisse. Köln: Böhlau Verlag, 2006.

Kaldewei, Gerhard: Die Stadt im Mittelalter. Bielefeld: Verl. für Regionalgeschichte, 1994.

Monnet, Pierre (Hrsg.): Stadt und Recht im Mittelalter. Göttingen: Vandenhoeck und Ruprecht, 2003.

Opitz, Claudia: Frauenalltag im Mittelalter. Biographien des 13. und 14. Jahrhunderts. Weinheim: Beltz, 1985.

Schubert, Ernst: Alltag im Mittelalter. Darmstadt: Wiss. Buchgesellschaft, 2002.

Lightning Source UK Ltd.
Milton Keynes UK
UKRC02n1340280918
329595UK00008B/53